Burgenland

Natur und Kultur im Osten Österreichs entdecken!

Peter Lienhart, geboren 1978 in Graz. Studium der Geographie und Geschichte (Lehramt) an der Karl-Franzens-Universität Graz. Lehrer und begeisterter Fotograf in den Bereichen Natur, Architektur und Sport.

Peter Lienhart

Burgenland

Natur und Kultur im Osten Österreichs entdecken!

Der Text und alle Abbildungen stammen vom Autor. Alle Fotos wurden mit einer digitalen Spiegelreflexkamera und verschiedenen Objektiven aufgenommen. Da die Bilder nicht nachträglich bearbeitet oder verändert wurden geben sie unverfälscht die Schönheit des Burgenlandes wieder. Der Leser bzw. die Leserin kann somit bei passendem Wetter die selben landschaftlichen Eindrücke genießen, welche der Autor bei seinen Erhebungsfahrten gemacht hat.

2. Auflage 2009

Herstellung und Verlag: Books on Demand GmbH, Norderstedt

ISBN-13: 9783837041507

Inhaltsverzeichnis

Burgenland

Das Burgenland ist das östlichste Bundesland Österreichs. Auf einer Fläche von 3965 km² leben 279.401 (1.1.2001) Menschen. Dies entspricht einer Bevölkerungsdichte von 70 Einwohnern pro km². Die Hauptstadt des Burgenlandes ist Eisenstadt. Das Burgenland ist in drei Landesteile (Nord-, Mittel-, und Südburgenland) unterteilt. Die höchste Erhebung ist der Geschriebenstein (884m) im Günsergebirge. Landwirtschaft (Ackerbau und Forstwirtschaft) ist sehr bedeutend. Durch den Weinbau hat das Burgenland internationale Bekanntheit erlangt. Der Neusiedlersee, welcher zu 80 Prozent im Burgenland liegt, ist der einzige Steppensee Mitteleuropas. Der Nationalpark Neusiedlersee – Seewinkel schützt ein außergewöhnliches Ökosystem.

Nach dem Ersten Weltkrieg wurde gemäß den Bestimmungen der Friedensverträge von St. Germain (1919) und Trianon (1920) das ehemalige Deutsch-Westungarn Österreich zugesprochen. 1921 kam das Burgenland, benannt nach den alten westungarischen Komitaten („Bezirken") Pressburg, Wieselburg, Ödenburg und Eisenburg, zu Österreich. Somit ist es das jüngste Österreichische Bundesland. Die Landeshauptstadt sollte Ödenburg (heutiges Sopron) werden. In einer Volksabstimmung im Jahre 1921 entschied sich dieses Gebiet jedoch für einen Verbleib bei Ungarn. Seit 1925 ist Eisenstadt die Burgenländische Landeshauptstadt. Im Zweiten Weltkrieg wurde das nördliche Gebiet des Burgenlandes dem Reichsgau Niederdonau und das südliche Gebiet dem Reichsgau Steiermark einverleibt. Erst nach dem Zweiten Weltkrieg gab es wieder das Burgenland in der bekannten Form. Durch die Errichtung des „Eisernen Vorhangs" lag das Burgenland jahrzehntelang an einer „toten Grenze". Dies wirkte sich sehr stark auf die wirtschaftliche Entwicklung aus. Erst durch den Fall des „Eisernen Vorhangs" im Jahre 1989 und durch den Beitritt Österreichs zur EU am 1. Jänner 1995 erlebte das Burgenland einen Aufschwung. Als damaliges Ziel-1-Gebiet erhielt es von der EU hohe Fördersummen für die Belebung der regionalen Entwicklung. Weitere Schritte waren der EU-Beitritt Ungarns 2004 und die Schengen Erweiterung zum Jahresende 2007. Seit der Schengen Erweiterung gibt es keine Grenzkontrollen an den Burgenländischen Grenzübergängen zu Ungarn und der Slowakei. Um eine steigende Kriminalität zu verhindern führen das Bundesheer und die Exekutive verstärkte Kontrollen im Landesinneren durch.

Im Burgenland leben kroatische und ungarische Minderheiten sowie jene der Roma. In diesen Gebieten gibt es zweisprachigen Schulunterricht, zweisprachige Ortstafeln und bestimmte Maßnahmen zur Minderheitenförderung.

Kartenskizze

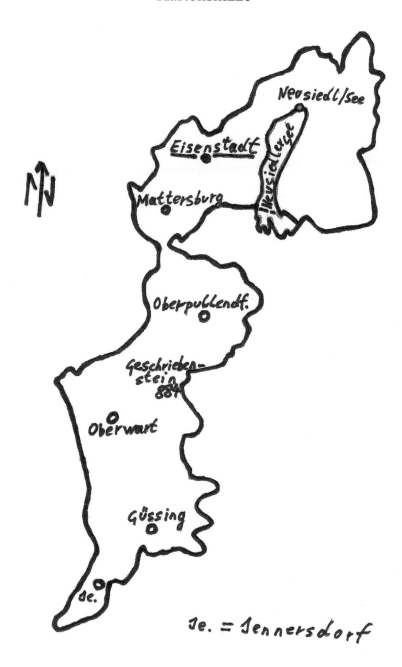

Neuhaus am Klausenbach

Oben: Innenhof des Schlosses Tabor
Unten: Burgruine Neuhaus

St. Martin an der Raab

Oben: Friedhof St. Martin an der Raab mit Blick auf das Raabtal
Unten: Kapelle Deutscheck

Güssing

Oben: Blick auf die Burg Güssing
Unten: Blick vom Glockenturm auf Burgrestaurant und Freilichtbühne

Strem

Oben: Marterl
Unten: Rapsfeld

Urbersdorf

Oben: Naturwildpark Urbersdorf
Unten: Damwild im Naturwildpark

Oben und Unten: Wasserbüffel im Naturwildpark

Oben und Unten: Urbersdorfer Teich

Oben und Unten: Eiche in der Nähe des Urbersdorfer Teichs
im Winter und im Frühjahr

Heiligenbrunn

Oben: Strohgedeckte Kellerstöckel
Unten: Platz nehmen bitte!

18

Schönes Kellerstöckel mit alten Fässern

Moschendorf

Oben und Unten: Weinmuseum Moschendorf

Oben: **Kellerstöckel am Weinberg in Moschendorf**
Unten: **Kreuz nördlich von Moschendorf**

Deutsch Schützen

Oben: Ehemaliger Bundesheerwachposten bei Deutsch Schützen
Unten: Blick Richtung Osten auf Deutsch Schützen

Oben und Unten: Martinskirche

Eisenberg

Oben: Blick auf den Eisenberg
Unten: Am Eisenberg

Oben: Blick vom Eisenberg Richtung Süden ins Pinkatal
Unten: Blick von der Aussichtsplattform „Weinblick"

Csaterberg

Oben: Kapelle am Csaterberg
Unten: Kellerstöckel

Oben und Unten: Kellerstöckel am Csaterberg

Rudersdorf

Oben und Unten: Pferde nördlich von Rudersdorf

Oben: Aussichtswarte
Unten: Blick von der Aussichtswarte Richtung Süden

St. Michael; Kohfidisch

Oben: Landschaft bei St. Michael im Burgenland
Unten: Schloss Erdödy in Kohfidisch

Schandorf

Oben und Unten: Straußenfarm bei Schandorf

Rechnitz

Oben: Badeteich Rechnitz
Unten: Blick vom Rechnitzer Weinberg Richtung Osten (Ungarn)

Geschriebenstein

Oben: Aussichtsturm am Gipfel des Geschriebensteins (884m Seehöhe)
Unten: Blick vom Aussichtsturm Richtung Osten (Ungarn)

Drumling

Oben: Volksschule
Unten: Altes Haus im Ort

Stadtschlaining

Oben: Hinweistafel
Unten: Burg Schlaining

Bernstein

Oben: Burg Bernstein
Unten: Bergbau in Bernstein

Bernstein ist wegen seines Edelserpentinsteins international bekannt.

Lockenhaus

Oben: Burg Lockenhaus
Unten: Steinbühne

Oben: Eingang zur Folterkammer
Unten: Folterkammer mit Eiserner Jungfrau

Stoob

Oben und Unten: Bergkirche

Oben und Unten: Draisinentour

Oben und Unten: Museum für Baukultur

Oben: Acker
Unten: Sonnenblume

Oben: Franz Liszt Büste
Unten: Liszt Zentrum

Oben: Eingang Liszt Zentrum
Unten: Geburtshaus des Komponisten

Landsee

Oben: Burgruine Landsee
Unten: Aussichtsplatz am Burgturm

Lackenbach

Oben: Schloss Lackenbach
Unten: Museum Schloss Lackenbach

Kobersdorf

Oben: Synagoge
Unten: Bühne Schlossspiele

Forchtenstein

Oben: Burgmauer
Unten: Im Inneren der Burg

Zagersdorf

Oben und Unten: Hügelgräber Zagersdorf

Oben und Unten: Weinwanderweg

Eisenstadt

Oben und Unten: Gloriette

Oben: Schloss Esterhazy
Unten: Schlosspark

St. Margarethen

Oben und Unten: Römersteinbruch

Oben: Bühne des Kindertheaters
Unten: Steinmetzbetrieb

Rust

Oben: Rathaus
Unten: Hauptplatz

Oben und Unten: Fischerkirche

57

Oben und Unten: Schilfgürtel bei Rust

Oben und Unten: Seebad Rust

Oggau

Oben: Pfarrkirche Oggau
Unten: Blick vom Hölzelstein Richtung Westen

Weinlaubenkuppel

Donnerskirchen

Bergkirche

Purbach

Oben: Tor bei der Türkenmauer
Unten: Gemeindespeicher

Oben: Altes Haus in Purbach
Unten: Blick auf die Kirche von Purbach

Oben: Bauernhäuser in Purbach
Unten: Weinkeller in der Kellergasse

Oben und Unten: Weinkeller in Breitenbrunn

Wehrturm Breitenbrunn

Blick vom Wehrturm auf die Hauptstraße von Breitenbrunn

Oben: Turmmuseum
Unten: Blick Richtung Neusiedlersee (Turmrundgang)

Oben und Unten: Schilfrundgang Breitenbrunn

Oben und Unten: Seebad Breitenbrunn

Oben und Unten: Surfschule Breitenbrunn

Podersdorf

Oben: Leuchtturm
Unten: Bootsverleih

Illmitz

Oben: Lacke bei Illmitz
Unten: Ziehbrunnen

Oben: Seewinkel bei Illmitz
Unten: Wildenten

Pamhagen

Oben: Storch im Steppennaturwildpark Pamhagen
Unten: Steppenrind im Steppennaturwildpark Pamhagen

76

Oben: Mangalizaschwein (Wollschwein) im Steppennaturwildpark
Unten: Wildschweine im Steppennaturwildpark

77

Andau

Oben und Unten: Brücke von Andau

78

Oben: Fluchtstraße
Unten: Nachbildung des ehemaligen Grenzzaunes

Oben: Basilika
Unten: Kalvarienberg

Halbturn

Oben und Unten: Barockschloss

Burgenland / 100 sehenswerte Orte

Ort	Region / Lage	Sehenswertes	Internet
Andau	Nordburgenland (26 km südöstlich von Neusiedl/See)	- Brücke v. Andau - Fluchtstraße - Nationalpark Hansag / Waasen - Badesee	www.andau-gemeinde.at
Apetlon	Nordburgenland (28 km südlich von Neusiedl/See)	- „Lange Lacke" - Kirche	www.burgenland.info/ apetlon
Bad Sauerbrunn	Nordburgenland (9 km südöstlich von Wiener Neustadt)	- Gemeindequelle - Kurhaus - Aussichtsturm	www.bad-sauerbrunn.at
Bad Tatzmannsdorf	Südburgenland (6 km nördlich von Oberwart)	- Therme - Brotmuseum - Kurmuseum - Radiomuseum - Freilichtmuseum	www.bad.tatzmannsdorf.at
Bernstein	Südburgenland (16 km nördlich von Oberwart)	- Burg Bernstein - Felsenmuseum - Edelserpentin - Römergräber	www.imburgenland.at/.../ gemeinden/bernstein www.tiscover.at/bernstein
Bildein	Südburgenland (26 km nordöstlich von Güssing)	- Pfarrkirche - Geschichte(n)-haus - Weinarchiv - Weinkulturhaus	www.bildein.at
Breitenbrunn	Nordburgenland (24 km nordöstlich von Eisenstadt)	- Turmmuseum - hist. Kellergasse - Pfarrkirche - Seebad - Schilfgürtel	www.breitenbrunn.at
Burgauberg	Südburgenland (5 km westlich von Stegersbach)	- Aussichtswarte - Gedenkstein - Tschartake	www.burgauberg-neudauberg.at
Csaterberg	Südburgenland (20 km östlich von Stegersbach)	- Kellergasse - Vinothek - Steinmuseum	www.csaterberg.at www.csaterberg.com

Ort	Region / Lage	Sehenswertes	Internet
Deutsch Jahrndorf	Nordburgenland (23 km nordöstlich von Neusiedl/See)	- Skulpturenpark - Dorfmuseum - Zeischhofkapelle	www.deutsch-jahrndorf.at
Deutschkreutz	Mittelburgenland (21 km nordöstlich von Oberpullendf.)	- Rotweinfestival - Vinothek - Schloss	www.deutschkreutz.at
Deutsch Schützen	Südburgenland (28 km nordöstlich von Güssing)	- Martinskirche	www.eisenberg.at
Donnerskirchen	Nordburgenland (12 km nordöstlich von Eisenstadt)	- Kirche St. Martin - Dorfkirche - Vinothek	www.donnerskirchen.at
Draßburg	Nordburgenland (15 km südlich von Eisenstadt)	- Schloss Draßburg - Kapelle Hl. Maria - Schwarzes Kreuz	www.drassburg.at
Drumling	Südburgenland (6 km nordöstlich von Oberwart)	- Volksschule	
Eberau	Südburgenland (20 km nordöstlich von Güssing)	- Hauptplatz - Pfarrkirche - Pranger - Wasserschloss - Amerikaner-kreuze	www.eberau.at
Eisenberg	Südburgenland (25 km nordöstlich von Güssing)	- Dörflicher Naturpark - Aussichtsplatt-form - Vinothek	www.eisenberg.at
Eisenstadt	Nordburgenland (29 km östlich von Wiener Neustadt)	- Schloss Esterhazy - Schlosspark - Gloriette - Haydnkirche - Jüdische Friedhöfe	www.eisenstadt.at
Forchtenstein	Nordburgenland (8 km südwestlich von Mattersburg)	- Burg Forchtenstein - Rosalienkapelle - Pfarre Maria Himmelfahrt - Kalkofen	www.gemeinde forchtenstein.at

Ort	Region / Lage	Sehenswertes	Internet
Gattendorf	Nordburgenland (10 km nordöstlich von Neusiedl/See)	- Annakapelle - Jüdischer Friedhof	www.gattendorf.at
Gols	Nordburgenland (7 km südöstlich von Neusiedl/See)	- Weinkulturhaus	www.gols.at
Großpetersdorf	Südburgenland (10 km südöstlich von Oberwart)	- evang. Kirche - kath. Kirche - Märchenbahn	www.grosspetersdorf.at
Großwarasdorf	Mittelburgenland (7 km nordöstlich von Oberpullendorf)	- KUGA Kulturzentrum	www.grosswarasdorf.at
Güssing	Südburgenland (27 km östlich von Fürstenfeld)	- Burg Güssing - Jakobikirche	www.guessing.co.at
Halbturn	Nordburgenland (14 km südöstlich von Neusiedl/See)	- Barockschloss - Haus Infeld - Ortsvinothek	www.halbturn.at
Heiligenbrunn	Südburgenland (11 km südöstlich von Güssing)	- Kellerviertel	www.kellerviertel-heiligenbrunn.at
Heiligenkreuz im Lafnitztal	Südburgenland (13 km südlich von Güssing)	- evang. Bethaus - kath. Kirche	www.imburgenland.at/.../ gemeinden/heiligenkreuz
Horitschon	Mittelburgenland (14 km nördlich von Oberpullendf.)	- Rotwein- lehrpfad - Draisinentour	www.horitschon.at
Illmitz	Nordburgenland (25 km südlich von Neusiedl/See)	- Seewinkl - Lacken - Strandbad	www.illmitz.co.at
Jennersdorf	Südburgenland (21 km östlich von Feldbach)	- Stadtpfarrkirche - Bauernmuseum - Hügelgräberfeld - Naturpark Raab	www.tiscover.at/jennersdorf

Ort	Region / Lage	Sehenswertes	Internet
Jois	Nordburgenland (3 km nordwestlich von Neusiedl/See)	- Kirche - ortskundl. Museum - Weingüter	www.jois.at www.jois.info
Kaisersdorf	Mittelburgenland (15 km nordwestlich von Oberpullendorf)	- Barockpferde-gestüt - Kapelle Hl. Anna - Kirche - Dreifaltigkeits-säule - Kollarichkreuz	www.kaisersdorf.com
Kaisersteinbruch	Nordburgenland (14 km nordwestlich von Neusiedl/See)	- Gloriette - Barbarasäule - Steinmetzmuseum	www.kaisersteinbruch.at
Kemeten	Südburgenland (8 km südwestlich von Oberwart)	- Friedenskreuz - Friedhofsmarterl - Saubergkapelle	www.imburgenland.at/ kemeten
Kittsee	Nordburgenland (10 km südlich von Bratislava)	- altes Schloss - neues Schloss - Heidenturm - blaues Kreuz	www.kittsee.at
Klingenbach	Nordburgenland (16 km südlich von Eisenstadt)	- kath. Pfarrkirche - St. Michael Statue - Wegkapelle - Pestsäule	www.klingenbach.info
Kobersdorf	Mittelburgenland (15 km nordwestlich von Oberpullendf.)	- Schloss Kobersdorf - Heimatmuseum - Synagoge - Jüdischer Friedhof	www.kobersdorf.at
Kohfidisch	Südburgenland (20 km östlich von Stegersbach)	- Schloss Erdödy - Nepomuk Kapelle - Naturhöhle	www.imburgenland.at/ kohfidisch

Ort	Region / Lage	Sehenswertes	Internet
Kukmirn	Südburgenland (12 km westlich von Güssing)	- „Apfeldorf" - Obstbau	www.kukmirn.at
Lackenbach	Mittelburgenland (15 km nördlich von Oberpullendorf)	- Schloss Lackenbach - Kenotaph	www.gemeinde-lackenbach.at
Landsee	Mittelburgenland (19 km nordwestlich von Oberpullendorf)	- Burgruine - Friedhof	www.landseeaktiv.at
Litzelsdorf	Südburgenland (6 km nördlich von Stegersbach)	- Pfarrkirche - röm. Familiengrabstein	www.litzelsdorf.at
Lockenhaus	Mittelburgenland (18 km südwestlich von Oberpullendorf)	- Burg Lockenhaus - Pfarrkirche	www.lockenhaus.info
Loipersbach im Burgenland	Nordburgenland (7 km südöstlich von Mattersburg)	- Kogelberg	www.loipersbach.info
Lutzmannsburg	Mittelburgenland (12 km südöstlich von Oberpullendorf)	- Sonnentherme - Heimatmuseum - kath. Kirche - evang. Kirche	www.lutzmannsburg.info
Mannersdorf an der Rabnitz	Mittelburgenland (9 km südlich von Oberpullendorf)	- Klostermarienberg	www.mannersdorf-adr.at
Marz	Nordburgenland (3 km südöstlich von Mattersburg)	- Pfarrkirche - Nepomuk Kapelle - Radkreuz - Lichtsäule - Heroldmühle	www.marz.at

Ort	Region / Lage	Sehenswertes	Internet
Mattersburg	Nordburgenland (16 km südwestlich von Eisenstadt)	- Pfarrkirche - Auskreithkapelle - Pestsäule - Jüdischer Friedhof - Kulturzentrum	www.mattersburg.gv.at
Mönchhof	Nordburgenland (11 km südöstlich von Neusiedl/See)	- Kneippkulturhaus Marienkron - Vinothek	www.moenchhof.at
Mörbisch	Nordburgenland (19 km südöstlich von Eisenstadt)	- Seefestspiele - kath. Kirche - evang. Kirche - Sebastiansäule - Mithrasgrotte	www.moerbischamsee.at
Moschendorf	Südburgenland (14 km östlich von Güssing)	- Weinmuseum - Weinberg - Rosaliakirche	www.moschendorf.at
Neckenmarkt	Mittelburgenland (16 km nordöstlich von Oberpullendorf)	- Weinberge - Weinbaumuseum - Vinothek - Kultobjekt Haschendorf	www.neckenmarkt.eu
Neuhaus am Klausenbach	Südburgenland (17 km südwestlich von Jennersdorf)	- Schloss Tabor - Burgruine - Maria Theresia Grenzstein	www.neuhaus-klausenbach.at
Neusiedl am See	Nordburgenland (31 km nordöstlich von Eisenstadt)	- Haus im Puls - Weinkeller - Vinothek - Seemuseum - Heimatmuseum	www.neusiedlamsee.at
Neutal	Mittelburgenland (9 km nordwestlich von Oberpullendorf)	- Museum für Baukultur - Marterl-wanderweg - Wasserwand	www.neutal.at/gemeinde
Nickelsdorf	Nordburgenland (12 km östlich von Neusiedl/See)	- kath. Kirche - evang. Kirche	www.nickelsdorf.at

Ort	Region / Lage	Sehenswertes	Internet
Nikitsch	Mittelburgenland (15 km östlich von Oberpullendorf)	- Schloss - Reiterhof	www.imburgenland.at/ nikitsch
Oberpullendorf	Mittelburgenland (49 km südlich von Eisenstadt)	- Schloss Rohonczy / Haus St. Stephan - Schauraum „Ur- u. frühgeschichtl. Eisenindustrie" - Barfuss Erlebnisweg - Draisinentour	www.oberpullendorf .info
Oberwart	Südburgenland (21 km östlich von Hartberg)	- Event EuroWart - Kulturpark	www.oberwart.gv.at
Oggau	Nordburgenland (12 km östlich von Eisenstadt)	- Pfarrkirche - Rosaliakapelle - Weinlaubenkuppel - „Kuruzzenlöcher" - Hölzelstein	www.oggau.at
Olbendorf	Südburgenland (5 km nördlich von Stegersbach)	- Quelle „Versunkene Glocke"	www.olbendorf.at
Pamhagen	Nordburgenland (31 km südöstlich von Neusiedl/See)	- Türkenturm - Steppentierpark	www.tiscover.at/ pamhagen
Parndorf	Nordburgenland (5 km nördlich von Neusiedl/See)	- Windpark - Kultursommer	www.imburgenland.at/ parndorf
Pilgersdorf	Mittelburgenland (20 km südwestlich von Oberpullendorf)	- Fundamente einer romanischen Kirche - Dorfbrunnen - alte Mühle	www.pilgersdorf.at

Ort	Region / Lage	Sehenswertes	Internet
Pinkafeld	Südburgenland (10 km nordwestlich von Oberwart)	- Stadtmuseum - Kloster - Friedhofskapelle	www.pinkafeld-online.at
Piringsdorf	Mittelburgenland (9 km südwestlich von Oberpullendorf)	- Korbflechterdorf - Hotterkapelle - „Sulzquelle"	www.piringsdorf.at
Podersdorf	Nordburgenland (15 km südlich von Neusiedl/See)	- Strandbad - Leuchtturm - Windmühle - Mangaliza-schweine	www.tiscover.at/podersdorf
Pöttelsdorf	Nordburgenland (3 km nordöstlich von Mattersburg)	- evang. Kirche - kath. Kapelle - Weinerlebniswelt	www.poettelsdorf.info
Pöttsching	Nordburgenland (12 km nordwestlich von Mattersburg)	- Meierhof - Grenzstein - Monolith	www.poettsching.info
Potzneusiedl	Nordburgenland (16 km nordöstlich von Neusiedl/See)	- Schloss - Österreichisches Ikonenmuseum	www.tiscover.at/potzneusiedl
Purbach	Nordburgenland (17 km nordöstlich von Eisenstadt)	- hist. Altstadt - altes Kloster - Türkenmauer - Steinbrüche - Kellergasse	www.purbach.at
Raiding	Mittelburgenland (11 km nordöstlich von Oberpullendorf)	- Franz-Liszt Museum - Pfarrkirche - Basaltkugel	www.raiding.at
Rechnitz	Südburgenland (25 km östlich von Oberwart)	- evang. Pfarrkirche - Granarium - Jüdischer Friedhof - Mühlen - Badesee	www.rechnitz.com
Rotenturm an der Pinka	Südburgenland (8 km südöstlich von Oberwart)	- Schloss Rotenturm	www.geomix.at/oesterreich/Burgenland/Oberwart/Rotenturm+an +der+Pinka.html

Ort	Region / Lage	Sehenswertes	Internet
Rudersdorf	Südburgenland (2 km östlich von Fürstenfeld)	- Schloss Rudersdorf - Braun Fassade - kath. Pfarrkirche - evang. Bethaus	www.imburgenland. at/ rudersdorf
Rust	Nordburgenland (14 km östlich von Eisenstadt)	- Altstadt - Stadtmuseum - Fischerkirche - Kunsthaus - Seebad	www.rust.at
Schandorf	Südburgenland (26 km südöstlich von Oberwart)	- Hügelgräber - Grabsteinmuseum - alte Dorfschmiede - Straußenfarm	www.schandorf.at
Schützen am Gebirge	Nordburgenland (8 km östlich von Eisenstadt)	- Pfarrkirche - Weinberg - Goldberg	www.schuetzen-am-gebirge.com
Siegendorf	Nordburgenland (10 km südlich von Eisenstadt)	- Kriegergräber - Naturschutzgebiet Oberseewald - Klosterkeller - Kulturzentrum	www.siegendorf.info
Sieggraben	Nordburgenland (11 km südlich von Mattersburg)	- kath. Pfarrkirche - Mühlrad - Wegkapelle	www.imburgenland.at/ sieggraben
Sigleß	Nordburgenland (7 km nördlich von Mattersburg)	- „Himmelsleiter" - kath. Kirche - alte Linde	www.imburgenland.at/ sigless
Stadtschlaining	Südburgenland (9 km nordöstlich von Oberwart)	- Burg Schlaining - Stadtmuseum - ehem. Synagoge - ehem. jüdischer Friedhof - Bergbaumuseum Goberling	www.stadt schlaining.co.at
Stegersbach	Südburgenland (19 km nordwestlich von Güssing)	- Therme - Golfschaukel - Kastell - Regional- und Telegraphen-Museum	www.stegersbach.at

Ort	Region / Lage	Sehenswertes	Internet
Steinbrunn	Nordburgenland (8 km westlich von Eisenstadt)	- Steinbrunner See	www.steinbrunn.at
Stoob	Mittelburgenland (6 km nordwestlich von Oberpullendorf)	- Töpfermuseum - Bergkirche - Galerie Hametner - Atelier Hollweck	www.stoob.at
Strem	Südburgenland (8 km östlich von Güssing)	- Grenzübergang - Aussichtsrad	www.strem.co.at
St. Andrä am Zicksee	Nordburgenland (23 km südöstlich von Neusiedl/See)	- Seebad Zicksee - Kutschenfahrten	www.st-andrae-am-zicksee.at
St. Georgen am Leithagebirge	Nordburgenland (1 km nordöstlich von Eisenstadt)	- Pfarrkirche - „Attillastein"	www.eisenstadt.at
St. Margarethen	Nordburgenland (10 km südöstlich von Eisenstadt)	- Römersteinbruch - Opernfestspiele - Pfarrkirche - Karner - Koglkapelle	www.st-margarethen.at
St. Martin an der Raab	Südburgenland (3 km südlich von Jennersdorf)	- Kapelle in Deutscheck	www.im burgenland.at/ st._martin_ an_der_raab
St. Michael im Burgenland	Südburgenland (10 km südöstlich von Stegersbach)	- Landtechnik Museum	www.st.michael-bgld.at
Tadten	Nordburgenland (28 km südöstlich von Neusiedl/See)	- kath. Kirche - evang. Kirche - Weinbau Betriebe	www.tadten.eu
Trausdorf an der Wulka	Nordburgenland (6 km südöstlich von Eisenstadt)	- kath. Pfarrkirche - Papstkreuz - Atelier „Talstation"	www.trausdorf-wulka.gv.at
Urbersdorf	Südburgenland (4 km östlich von Güssing)	- Naturwildpark - Clusius Naturlehrpfad - Urbersdorfer Teich	www.naturpark.at/ angebote.htm

Ort	Region / Lage	Sehenswertes	Internet
Wallern	Nordburgenland (31 km südöstlich von Neusiedl/See)	- Uhrturm - Pfarrkirche	www.imburgenland.at/ wallern_im_burgenland
Weiden am See	Nordburgenland (3 km südöstlich von Neusiedl/See)	- Pfarrkirche - Granarium - Sesselmarkt	www.weiden-see.at
Wiesen	Nordburgenland (14 km westlich von Mattersburg)	- ehem. Edelhof - Lichtsäule - Wiesener Fries	www.imburgenland.at/ wiesen
Winden am See	Nordburgenland (7 km westlich von Neusiedl/See)	- kath. Pfarrkirche - Sonnenanbeterin - Zigeunerhöhle - Bärenhöhle	www.winden.at
Wulkaprodersdorf	Nordburgenland (6 km südwestlich von Eisenstadt)	- Weinbau	www.wulka prodersdorf.at
Zurndorf	Nordburgenland (20 km nordöstlich von Neusiedl/See)	- Museum Friedrichshof - Kunsthof Friedrichshof	www.zurndorf.at